DEL **CEMENTO** AL **PUENTE**

por Robin Nelson

ediciones Lerner / Minneapolis

Un agradecimiento especial a Mark Spafford, Daniel Dorgan, el personal del Departamento de Transporte de Minnesota y al Ronald Medlock, del Departamento de Transporte de Texas.

Traducción al español: © 2007 por ediciones Lerner
Título original: *From Cement to Bridge*
Texto: copyright © 2004 por Lerner Publications Company

Fotografías: copyright © 2004 por la Oficina de Puentes del Departamento de Transporte de Minnesota

La edición en español fue realizada por un equipo de traductores nativos de español de translations.com, empresa mundial dedicada a la traducción.

ediciones Lerner
Una división de Lerner Publishing Group
241 First Avenue North
Minneapolis, MN 55401 EUA

Dirección de Internet: www.lernerbooks.com

Library of Congress Cataloging-in-Publication Data

Nelson, Robin, 1971–
    [From cement to bridge Spanish]
    Del cemento al puente / por Robin Nelson.
        p. cm. — (De principio a fin)
    ISBN-13: 978–0–8225–6498–0 (lib. bdg. : alk. paper)
    ISBN-10: 0–8225–6498–X (lib. bdg. : alk. paper)
    1. Bridges, Concrete—Design and construction—Juvenile literature. 2. Cement—Juvenile literature. I. Title. II. Series.
TG335.N3518 2007
624.2—dc22   2006010478

Fabricado en los Estados Unidos de América
1 2 3 4 5 6 – DP – 12 11 10 09 08 07

Otras fotografías que aparecen en este libro son cortesía de: © Photodisc Royalty Free de Getty Images, portada; © Brand X Pictures de Getty Images, pág. 23.

Contenido

Los puentes nos permiten cruzar.

¿Cómo se construye un puente?

Se mezcla el cemento.

El cemento está hecho de piedras y arcilla. Los obreros vierten cemento, agua, arena y piedras pequeñas en las mezcladoras de los camiones. Las mezcladoras giran lentamente. La mezcla se convierte en **concreto**. El concreto se usa para construir edificios y puentes. Los camiones llevan el concreto al lugar donde se construirá el puente.

Los obreros preparan el terreno.

Los obreros levantan vallas de concreto para proteger a los autos que pasan cerca. Después, cavan hoyos y los llenan de piedras. Sobre las piedras construirán bloques de concreto. El puente se construirá sobre esos bloques.

Se construyen los encofrados.

Los encofrados son moldes huecos que sirven para darle forma al concreto que sostendrá el puente. Están hechos de madera y metal. Los obreros construyen encofrados en los extremos del puente, y también en el medio.

9

Se construyen los extremos.

Las máquinas vierten el concreto en los encofrados de los extremos del puente. El concreto se vuelve muy duro. Se quitan los encofrados. El concreto endurecido se convierte en los **estribos** del puente. Los estribos son plataformas de concreto que sostienen el puente. En cada extremo del puente hay un estribo.

Se construyen las patas.

Los obreros vierten concreto en los encofrados del medio. Estos encofrados formarán las patas del puente, que se llaman **pilares**. Los pilares sostienen la parte media del puente. Un puente corto puede tener un solo pilar, pero uno largo tiene muchos.

13

Una máquina coloca las vigas.

Una grúa eleva largas vigas de metal. Las coloca sobre los estribos y pilares. Los obreros las sujetan con pernos.

Se colocan las varillas.

Los obreros colocan varillas metálicas sobre las vigas. Las varillas quedan entrecruzadas y hacen que el puente sea más resistente.

17

Los obreros hacen el tablero del puente.

Un camión con una larga manguera bombea concreto sobre las barras. Los obreros alisan y aplanan el concreto, que se seca y se endurece. Este concreto liso es el tablero del puente, que es la calle por donde pasan los autos.

Se ponen vallas y faroles.

Los obreros ponen vallas de concreto y de metal a los costados del puente. Las vallas impiden que los autos se caigan del puente. Los obreros ponen faroles para que los conductores puedan ver de noche. Después, pintan líneas en la calle. Las líneas indican a los conductores por dónde ir.

21

Los autos cruzan el puente.

El puente es resistente y aguanta fácilmente el peso de la gente, los autos y los camiones. Los puentes nos conectan con la gente y los lugares al otro lado.

23

Glosario

concreto: mezcla de arena, piedras, cemento y agua

encofrados: estructuras que se usan para dar forma al concreto

estribos: salientes que sostienen los extremos de un puente

pilares: patas que sostienen un puente

vigas: piezas metálicas largas y gruesas

Índice